NATIONAL GEOGRAPHIC
School Publishing

Geografía

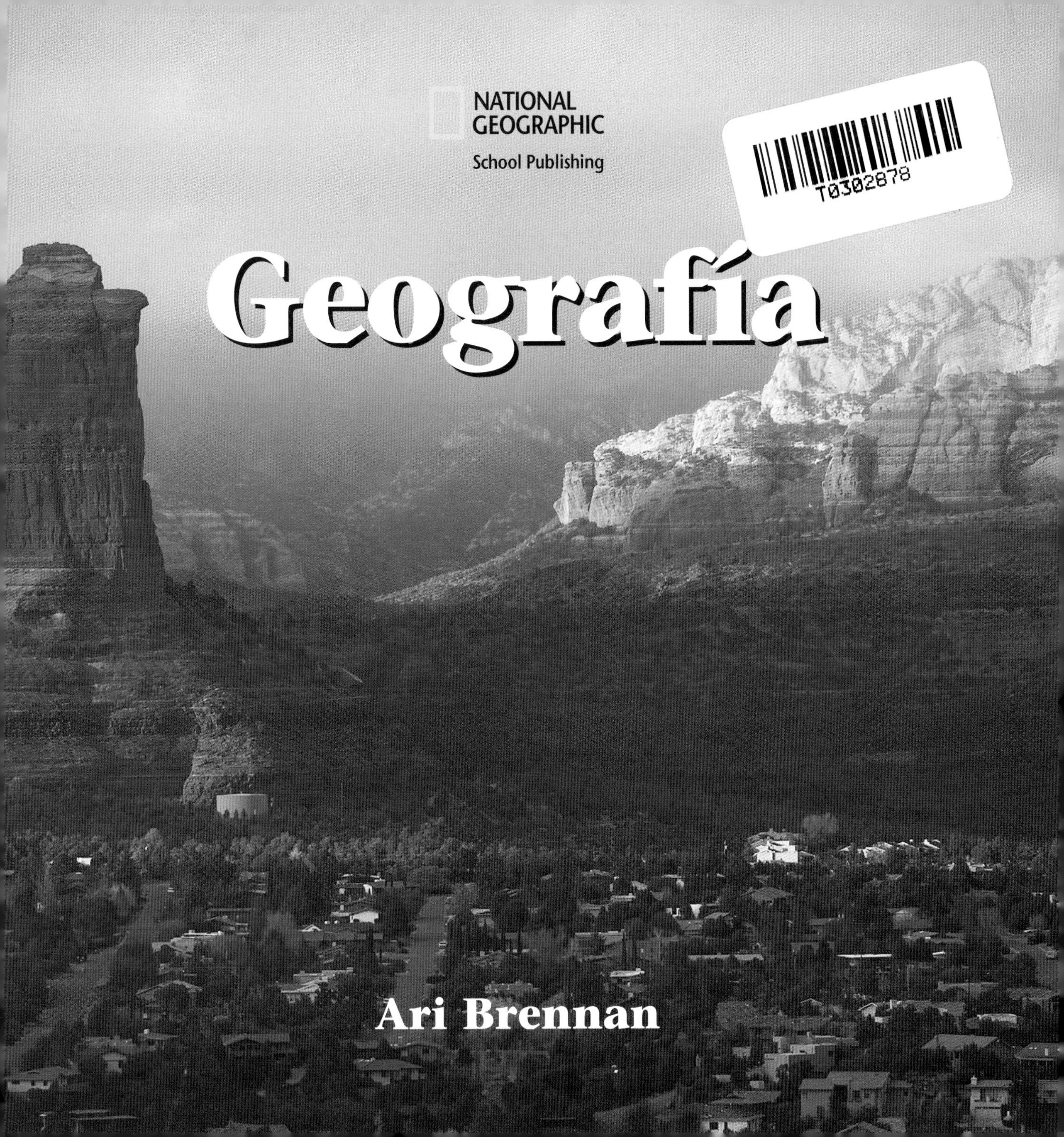

Ari Brennan

PICTURE CREDITS
Cover, 1, 2, 4, 5, 8 (below and right above), 9 (left below and right above), 10, 11, (right), 12, 13, 14 (left), 17, 18, 19, 20 (left and right above), 21, 22, 23, Photolibrary.com; 15, 16, 20 (right below) APL/Corbis; 9 (right below), 11 (left below), Alamy; 6, 22, Map created by Equator Graphics for National Geographic's Map Essentials program

Produced through the worldwide resources of the National Geographic Society, John M. Fahey, Jr., President and Chief Executive Officer; Gilbert M. Grosvenor, Chairman of the Board.

PREPARED BY NATIONAL GEOGRAPHIC SCHOOL PUBLISHING
Steve Mico, Executive Vice President and Publisher, Children's Books and Education Publishing Group; Marianne Hiland, Editor in Chief; Lynnette Brent, Executive Editor; Michael Murphy and Barbara Wood, Senior Editors; Nicole Rouse, Editor; Bea Jackson, Design Director; David Dumo, Art Director; Shanin Glenn, Designer; Margaret Sidlosky, Illustrations Director; Matt Wascavage, Manager of Publishing Services; Sean Philpotts, Production Manager.

SPANISH LANGUAGE VERSION PREPARED BY NATIONAL GEOGRAPHIC SCHOOL PUBLISHING GROUP
Sheron Long, CEO; Sam Gesumaria, President; Fran Downey, Vice President and Publisher; Margaret Sidlosky, Director of Design and Illustrations; Paul Osborn, Senior Editor; Sean Philpotts, Project Manager; Lisa Pergolizzi, Production Manager.

MANUFACTURING AND QUALITY MANAGEMENT
Christopher A. Liedel, Chief Financial Officer; George Bounelis, Vice President; Clifton M. Brown III, Director.

BOOK DEVELOPMENT
Ibis for Kids Australia Pty Limited.

SPANISH LANGUAGE TRANSLATION
Tatiana Acosta/Guillermo Gutiérrez

SPANISH LANGUAGE BOOK DEVELOPMENT
Navta Associates, Inc.

Published by the National Geographic Society
Washington, D.C. 20036-4688

ISBN: 978-0-7362-3869-4

Printed in Canada

13

10 9 8 7 6 5 4 3 2

Contenido

Pensar y conversar

un parque en una ciudad

un desierto

En la Tierra hay muchos lugares diferentes. Describan los lugares que muestran las fotografías.

¿Qué es la geografía?

La **geografía** es el estudio de los lugares de la Tierra. Incluye el estudio del terreno, el agua y los seres humanos.

Los mapas son importantes para la geografía. Nos ayudan a ver cómo es la Tierra.

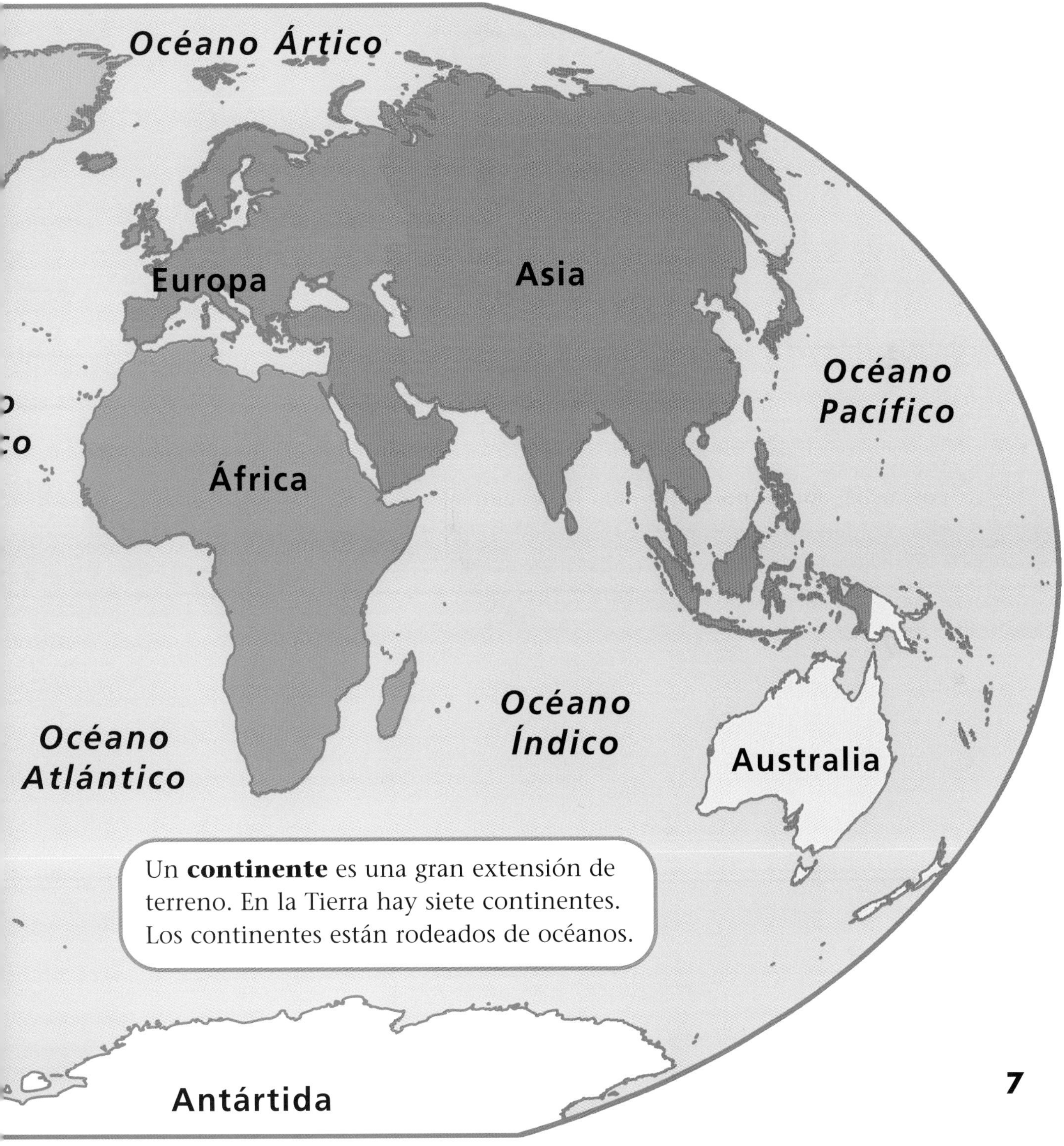

Un **continente** es una gran extensión de terreno. En la Tierra hay siete continentes. Los continentes están rodeados de océanos.

Accidentes geográficos

Los **accidentes geográficos** son formaciones del terreno. Las montañas, las colinas y los valles son accidentes geográficos. Las llanuras y los acantilados también lo son.

Una llanura es una extensa región plana, con pocos árboles o sin ellos. Algunas llanuras son buenas tierras de cultivo.

Un acantilado es una roca elevada y escarpada. Muchos acantilados se encuentran junto al agua o en las montañas.

Una montaña es una elevación del terreno. Un valle es una región baja entre colinas o montañas.

Accidentes geográficos extremos

El monte Everest, en Nepal, es la montaña más alta de la Tierra. Tiene una altura de 29,017 pies.

El Mar Muerto es un lago entre Israel y Jordania. La orilla, o borde, del Mar Muerto es el lugar más bajo de la Tierra.

Masas de agua

En la Tierra hay muchas **masas de agua.** Los océanos son las más extensas. Los ríos, los lagos y los pantanos también son masas de agua.

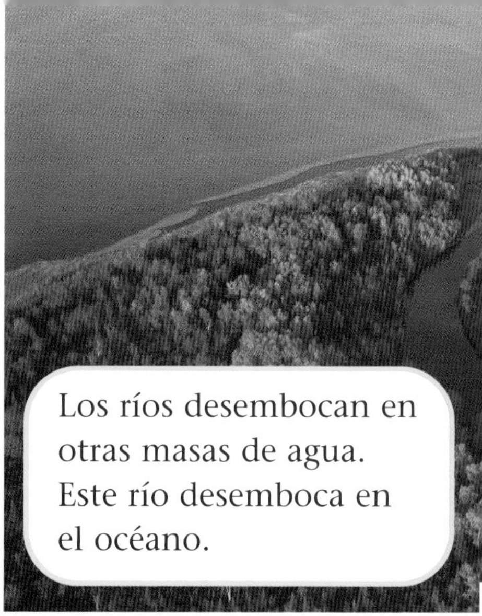

Los ríos desembocan en otras masas de agua. Este río desemboca en el océano.

El océano Pacífico es el océano más grande de la Tierra.

Los lagos son masas de agua rodeadas de tierra. En este lago hay una isla.

Un pantanal es un área baja de terreno muy húmedo.

Clima

Llamamos **clima** al tiempo atmosférico durante un periodo prolongado de tiempo. La cantidad de lluvia que cae y el frío o el calor que hace en un lugar forman parte del clima. Distintos lugares tienen climas diferentes.

Algunas montañas están cubiertas de nieve todo el año.

Por lo general, en los lugares tropicales hace calor todo el año. Algunos tienen una estación lluviosa y una estación seca.

Los desiertos son lugares secos. Por lo general, en los desiertos hace calor durante el día y frío por la noche.

Climas extremos

El Valle de la Muerte, en California, es uno de los lugares más calurosos de la Tierra. La temperatura más alta que se ha registrado fue de 134° Fahrenheit.

La Antártida es el lugar más frío de la Tierra. Allí, en invierno, la temperatura es de unos –125° Fahrenheit.

Dependemos de la Tierra

La geografía de la Tierra afecta a los seres humanos. Ríos, océanos y lagos proporcionan agua y vías de transporte. El terreno proporciona lugares donde vivir y cultivar alimentos. El clima puede condicionar cómo vivimos.

Estas personas trabajan la tierra en las laderas de las montañas. Recogen madera para hacer fuego.

Algunas personas que viven en lugares húmedos construyen viviendas sobre pilotes.

Este río se utiliza para transportar personas y mercancías a distintos lugares.

Usamos la Tierra

Los **recursos naturales** son muy importantes para los seres humanos. Un recurso natural es cualquier cosa de la Tierra que aprovechamos. El agua es un recurso natural. Los árboles y el suelo también lo son.

Para construir viviendas y muebles se utiliza madera de los árboles. La madera también se usa para hacer papel y cartón.

Muchos recursos naturales se encuentran bajo tierra. Ésta es una mina de carbón. El carbón se utiliza para producir electricidad.

Los seres humanos obtenemos alimento del agua. Esta red está llena de peces del océano.

Alterambos la Tierra

A veces, los seres humanos modificamos la Tierra. Excavamos y movemos el terreno. Talamos árboles. También provocamos cambios en las masas de agua. Los seres humanos alteramos la Tierra por muchas razones.

Para hacer el Canal de Panamá hubo que excavar el terreno. Este **canal** une el océano Atlántico con el Pacífico.

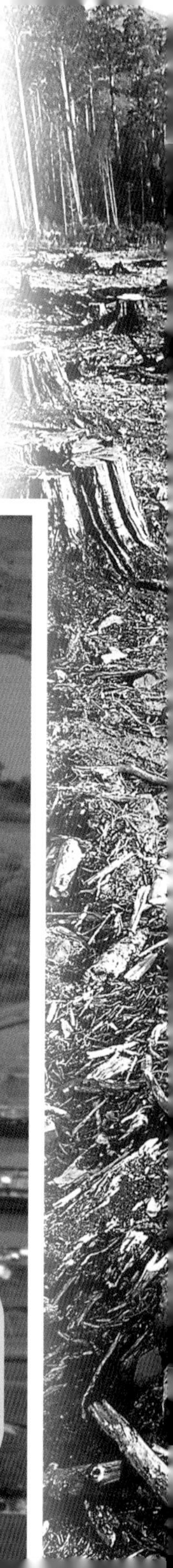

Cuando los bosques desaparecen, el terreno y el clima cambian. Podemos plantar árboles nuevos para reemplazar los talados.

Lugares especiales de la Tierra

Los seres humanos protegemos algunos lugares especiales de la Tierra. En Estados Unidos, los parques nacionales son zonas protegidas por el gobierno. En algunos parques nacionales hay accidentes geográficos asombrosos y muchos animales salvajes. Esta fotografía muestra el Parque Nacional Yosemite, en California.

Usar lo que aprendieron

Conversen sobre los accidentes geográficos, las masas de agua y el clima. ¿Cómo afectan estas cosas a los seres humanos?

accidente geográfico

clima

continente

geografía

masa de agua

recurso natural

Glosario

CONCEPTO CLAVE

accidente geográfico (página 8)
Formación del terreno
Una montaña es un accidente geográfico.

canal (página 18)
Masa de agua alargada y estrecha hecha por el ser humano
El Canal de Panamá une el océano Atlántico con el Pacífico.

CONCEPTO CLAVE

clima (página 12)
Tiempo atmosférico durante un periodo prolongado de tiempo
Los desiertos tienen un clima seco.

CONCEPTO CLAVE

continente (página 7)
Gran extensión de terreno
En la Tierra hay siete continentes.

CONCEPTO CLAVE

geografía (página 6)
Estudio de los lugares de la Tierra
Cuando aprendemos cosas sobre lugares de la Tierra, estamos estudiando geografía.

CONCEPTO CLAVE

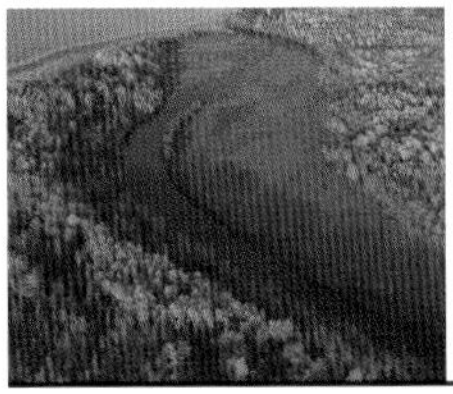

masa de agua (página 10)
Extensión de agua, como un océano, un lago o un río
Un río es una masa de agua.

CONCEPTO CLAVE

recurso natural (página 16)
Cualquier cosa de la Tierra que los seres humanos aprovechamos
Los árboles son un recurso natural.

Índice